너희는 귀를 기울여 내 목소리를 들으라 자세히 내 말을 들으라.(사 28:23)

받아쓰는 설교노트

[제   권]

시작한 날 :   년   월   일

마 친 날 :   년   월   일

문서사역
|종|려|가|지|

허남길 목사 | 양산온누리교회

사랑하고 존경하는 한치호 목사님께서 '주께서 사랑하는 성도가 어떻게 하면 목사님의 설교를 듣고 잊어버리지 않고 계속적으로 기억하며 은혜를 받고 삶 속에서 말씀으로 인도 받으며 승리하는 일에 도움을 드릴까?' 하는 거룩한 마음으로 설교노트를 출간하게 됨을 진심으로 축하드리며 감사드립니다.

대부분의 성도는 설교를 들을 때 은혜를 받고 마음에 감동을 받지만, 시간이 지나면 희미해지다가 잊어먹게 되고, 심할 때는 지난 주일의 설교 내용이나 제목까지도 기억이 없을 때가 있습니다. 이것은 머리가 나쁜 것이 아니라 모든 사람에게 하나님께서 잊어 먹는 은혜도 주셨다고 믿습니다.

그래서 성도들이 설교를 들을 때 중요한 요점이라도 기록하였다가 하루에도 몇 번, 일주일 동안 매일 매일 보면서 기도한다면, 주일에 받은 은혜를 기억 할 것이며, 실천하는데 큰 힘이 될 것입니다. 그리고 혼란스러운 시대에 담임목사 중심의 건강한 신앙생활이 될 줄 믿습니다.

저희 교회에서는 받은 은혜를 셀 모임에서 각자가 받은 은혜를 나누어야 하므로 반드시 설교의 요점노트가 필요합니다. 셀에서 인도자 뿐 아니라 셀원 모두가 받은 은혜를 나누므로 은혜가 풍성하며, 설교를 들을 때 자세히 집중해서 들으므로 예배 중에, 조는 사람이 그의 없으므로 은혜로운 예배를 드릴 수 있는 장점도 있습니다. 한 목사님의 설교요점 노트의 출간으로 한국교회의 성도들이 더욱 하나님을 사랑하고 말씀을 사랑하는 성도로 더욱 성숙되는 복이 있으시기를 축복합니다.

손상곤 목사 | 자양동교회

설교는 하나님의 말씀을 증언하는 거룩한 행위입니다. 하나님께서는 사람을 향해서 기록된 하나님의 말씀을 증언하라고 설교자를 부르셨습니다. 설교를 듣는 사람은 선포되는 말씀에 참여하는 이들과 함께 신앙고백을 공유합니다.

설교를 들으면서 함께 경험하는 신앙고백은 설교자와 선포되는 말씀을 받는 회중의 것으로 고백되어 집니다. 이때, 공예배의 회중(성도)은 하나님의 말씀의 내용과 설교자의 신앙고백에서 성령님께서 주시는 감동에 자신의 심령이 적셔지는 은혜를 경험합니다.

여기에서 회중에게는 말씀의 새로 들음이 일어납니다. 그리하여 그 설교의 한 마디를 끄적거리고 싶은 충동을 체험합니다. 그런데 설교의 읊조림이 습관이 되지 않아서 이내 잊어버리는 게 오늘의 우리들입니다. 성령님께서 주시는 감동도 생생하게 그 기억이 오래 간다면 예배를 폐하고 돌아와서 메모라고 하겠는데 그렇지 못합니다.

설교자의 '말씀증언'으로 하나님은 나에게 말씀을 주시기를 원하십니다. 그렇기 때문에 설교자가 설교를 하는 시간에, 그가 증언하는 한 마디가 심령에 꽂히게 하십니다. 이것은 설교의 은혜입니다.

공예배의 시간마다 이 은혜가 쌓여져 간다면 말씀과 기도로 거룩해진다는 것을 확인하게 됩니다. 하나님의 말씀을 잘 받아 나의 것으로 삼는다면 온전함에 이르게 될 것입니다.

설교를 듣다가 아무런 준비가 없이도 종이의 비어있는 곳에 끄적거릴 수도 있습니다. 귀로 듣는 하나님의 말씀을 손으로 옮겨 적는다면 그 은혜는 또 다른 감동으로 다가올 것입니다. 설교의 받아쓰기로 온전함에 이르기를 축복합니다.

주일예배 설교

sermon of Sunday Morning Worship

* 　월　　일(　월　째주)　오늘의 말씀:

제목:　　　　　　　　　　　　설교자:

🌿 나에게 들려주시는 말씀의 포인트

🌿 오늘의 말씀을 한 마디로?

🍃 하나님께 드리는 나의 결단

* 　　월　　일(　　월　　째주)　　오늘의 말씀:

제목:　　　　　　　　　　　　　　설교자:

🌿 나에게 들려주시는 말씀의 포인트

🌿 오늘의 말씀을 한 마디로?

🍃 하나님께 드리는 나의 결단

* 　월　　일(　월　　째주)　오늘의 말씀:

제목:　　　　　　　　　　　　　설교자:

나에게 들려주시는 말씀의 포인트

오늘의 말씀을 한 마디로?

하나님께 드리는 나의 결단

* 　　월　　　일(　　월　　째주)　　오늘의 말씀:

제목: 　　　　　　　　　　　　　　　설교자:

나에게 들려주시는 말씀의 포인트

오늘의 말씀을 한 마디로?

하나님께 드리는 나의 결단

* 　월　　일(　월　　째주)　오늘의 말씀:

제목:　　　　　　　　　　　　설교자:

🌿 나에게 들려주시는 말씀의 포인트
___

🌿 오늘의 말씀을 한 마디로?
___

🍃 하나님께 드리는 나의 결단

* 　　월　　　일(　　월　　째주)　오늘의 말씀:

제목:　　　　　　　　　　　　　　설교자:

나에게 들려주시는 말씀의 포인트

오늘의 말씀을 한 마디로?

하나님께 드리는 나의 결단

잠 8:33, 훈계를 들어서 지혜를 얻으라 그것을 버리지 말라

* 　월　　일(　월　째주)　오늘의 말씀:

제목:　　　　　　　　　　　　설교자:

나에게 들려주시는 말씀의 포인트

오늘의 말씀을 한 마디로?

하나님께 드리는 나의 결단

* 　　월　　일(　　월　　째주)　오늘의 말씀:

제목:　　　　　　　　　　　　　　설교자:

🌿 나에게 들려주시는 말씀의 포인트

🌿 오늘의 말씀을 한 마디로?

🍃 하나님께 드리는 나의 결단

* 　　월　　　일(　　월　　째주)　　오늘의 말씀:

제목:　　　　　　　　　　　　　　설교자:

🌿 나에게 들려주시는 말씀의 포인트

🌿 오늘의 말씀을 한 마디로?

🍃 하나님께 드리는 나의 결단

* 　월　　일(　월　째주)　오늘의 말씀:

제목:　　　　　　　　　　　　　설교자:

🌿 나에게 들려주시는 말씀의 포인트

🌿 오늘의 말씀을 한 마디로?

🍃 하나님께 드리는 나의 결단

* 　월　　일(　월　　째주)　오늘의 말씀:

제목:　　　　　　　　　　　　설교자:

🌿 나에게 들려주시는 말씀의 포인트

🌿 오늘의 말씀을 한 마디로?

🍃 하나님께 드리는 나의 결단

*   월   일(월   째주)   오늘의 말씀:

제목: 설교자:

※ 나에게 들려주시는 말씀의 포인트

※ 오늘의 말씀을 한 마디로?

🍃 하나님께 드리는 나의 결단

*   월   일(월   째주)   오늘의 말씀:

제목: 설교자:

나에게 들려주시는 말씀의 포인트

오늘의 말씀을 한 마디로?

하나님께 드리는 나의 결단

* 　월　　일(　월　째주)　오늘의 말씀:

제목:　　　　　　　　　　　　　　　설교자:

나에게 들려주시는 말씀의 포인트

오늘의 말씀을 한 마디로?

하나님께 드리는 나의 결단

* 　월　　일(　월　째주)　오늘의 말씀:

제목:　　　　　　　　　　　　　설교자:

나에게 들려주시는 말씀의 포인트

오늘의 말씀을 한 마디로?

하나님께 드리는 나의 결단

* 　　월　　　일(　　월　　째주)　오늘의 말씀:

제목:　　　　　　　　　　　　　　　설교자:

🌿 나에게 들려주시는 말씀의 포인트

🌿 오늘의 말씀을 한 마디로?

🍃 하나님께 드리는 나의 결단

* 　월　　일(　월　째주)　오늘의 말씀:

제목:　　　　　　　　　　　　　설교자:

🌱 나에게 들려주시는 말씀의 포인트

🌱 오늘의 말씀을 한 마디로?

🍃 하나님께 드리는 나의 결단

* 　　월　　일(　　월　　째주)　오늘의 말씀:

제목:　　　　　　　　　　　　　　설교자:

🌿 나에게 들려주시는 말씀의 포인트

🌿 오늘의 말씀을 한 마디로?

🍃 하나님께 드리는 나의 결단

* 　월　　일(　월　　째주) 오늘의 말씀:

제목:　　　　　　　　　　　　　설교자:

🌿 나에게 들려주시는 말씀의 포인트

🌿 오늘의 말씀을 한 마디로?

🍂 하나님께 드리는 나의 결단

* 　월　　　일(　　월　　째주)　오늘의 말씀:

제목:　　　　　　　　　　　　　　설교자:

🌿 나에게 들려주시는 말씀의 포인트

🌿 오늘의 말씀을 한 마디로?

🍃 하나님께 드리는 나의 결단

* 월   일(월   째주)   오늘의 말씀:

제목: 설교자:

나에게 들려주시는 말씀의 포인트

오늘의 말씀을 한 마디로?

하나님께 드리는 나의 결단

* 　월　　일(　월　　째주)　오늘의 말씀:

제목:　　　　　　　　　　　　　설교자:

🌿 나에게 들려주시는 말씀의 포인트

🌿 오늘의 말씀을 한 마디로?

🍃 하나님께 드리는 나의 결단

* 　월　　일(　　월　　째주)　오늘의 말씀:

제목:　　　　　　　　　　　　　설교자:

나에게 들려주시는 말씀의 포인트

오늘의 말씀을 한 마디로?

하나님께 드리는 나의 결단

엡 1:13(하). 너희의 구원의 복음을 듣고 그 안에서 또한 믿어 약속의 성령으로 인치심을 받았으니

* 　월　　일(　월　　째주)　오늘의 말씀:

제목:　　　　　　　　　　　　　설교자:

나에게 들려주시는 말씀의 포인트

오늘의 말씀을 한 마디로?

하나님께 드리는 나의 결단

* 　월　　일(　월　째주)　오늘의 말씀:

제목:　　　　　　　　　　　　　　설교자:

나에게 들려주시는 말씀의 포인트

오늘의 말씀을 한 마디로?

하나님께 드리는 나의 결단

* 　월　　일(　월　　째주)　오늘의 말씀:

제목:　　　　　　　　　　　　　설교자:

🌿 나에게 들려주시는 말씀의 포인트

🌿 오늘의 말씀을 한 마디로?

🍃 하나님께 드리는 나의 결단

* 　 월 　 일(　 월 　 째주) 　 오늘의 말씀:

제목: 　　　　　　　　　　　　　설교자:

나에게 들려주시는 말씀의 포인트

오늘의 말씀을 한 마디로?

하나님께 드리는 나의 결단

* 　　월　　　일(　　월　　째주)　오늘의 말씀:

제목:　　　　　　　　　　　　　　　설교자:

나에게 들려주시는 말씀의 포인트

오늘의 말씀을 한 마디로?

하나님께 드리는 나의 결단

* 　　월　　　일(　　월　　째주)　　오늘의 말씀:

제목:　　　　　　　　　　　　　　설교자:

나에게 들려주시는 말씀의 포인트

오늘의 말씀을 한 마디로?

하나님께 드리는 나의 결단

* 　월　　일(　월　　째주)　오늘의 말씀:

제목:　　　　　　　　　　　　설교자:

나에게 들려주시는 말씀의 포인트

오늘의 말씀을 한 마디로?

하나님께 드리는 나의 결단

* 　월　　일(　월　　째주)　오늘의 말씀:

제목:　　　　　　　　　　　　　설교자:

나에게 들려주시는 말씀의 포인트

오늘의 말씀을 한 마디로?

하나님께 드리는 나의 결단

* 　월　　일(　월　　째주)　오늘의 말씀:

제목:　　　　　　　　　　　　설교자:

🌿 나에게 들려주시는 말씀의 포인트

🌿 오늘의 말씀을 한 마디로?

🍃 하나님께 드리는 나의 결단

욥 22:22. 청하건대 너는 하나님의 입에서 교훈을 받고 하나님의 말씀을 네 마음에 두라

* 　월　　일(　월　　째주)　오늘의 말씀:

제목:　　　　　　　　　　　　　설교자:

나에게 들려주시는 말씀의 포인트

오늘의 말씀을 한 마디로?

하나님께 드리는 나의 결단

* 　월　　일(　월　　째주)　오늘의 말씀:

제목:　　　　　　　　　　　　　설교자:

🌿 나에게 들려주시는 말씀의 포인트

🌿 오늘의 말씀을 한 마디로?

🍃 하나님께 드리는 나의 결단

* 　월　　일(　월　　째주)　오늘의 말씀:

제목:　　　　　　　　　　　　　설교자:

나에게 들려주시는 말씀의 포인트

오늘의 말씀을 한 마디로?

하나님께 드리는 나의 결단

* 　월　　일(　월　째주)　오늘의 말씀:

제목:　　　　　　　　　　　　　　설교자:

🌿 나에게 들려주시는 말씀의 포인트

🌿 오늘의 말씀을 한 마디로?

🍃 하나님께 드리는 나의 결단

* 　월　　일(　월　　째주)　오늘의 말씀:

제목:　　　　　　　　　　　　　　설교자:

나에게 들려주시는 말씀의 포인트

오늘의 말씀을 한 마디로?

하나님께 드리는 나의 결단

* 　월　　일(　월　째주)　오늘의 말씀:

제목:　　　　　　　　　　　　　설교자:

🌿 나에게 들려주시는 말씀의 포인트

🌿 오늘의 말씀을 한 마디로?

🍃 하나님께 드리는 나의 결단

* 　　월　　　일(　　월　　째주)　　오늘의 말씀:

제목:　　　　　　　　　　　　　　　설교자:

나에게 들려주시는 말씀의 포인트

오늘의 말씀을 한 마디로?

하나님께 드리는 나의 결단

* 　월　　일(　월　　째주)　오늘의 말씀:

제목:　　　　　　　　　　　　　　설교자:

나에게 들려주시는 말씀의 포인트

오늘의 말씀을 한 마디로?

하나님께 드리는 나의 결단

*   월   일(월   째주) 오늘의 말씀:

제목: 설교자:

🌿 나에게 들려주시는 말씀의 포인트

🌿 오늘의 말씀을 한 마디로?

🍃 하나님께 드리는 나의 결단

욥 15:11, 하나님의 위로와 은밀하게 하시는 말씀이 네게 작은 것이냐

* 　월　　일(　월　　째주)　오늘의 말씀:

제목:　　　　　　　　　　　　설교자:

🌿 나에게 들려주시는 말씀의 포인트

🌿 오늘의 말씀을 한 마디로?

🍃 하나님께 드리는 나의 결단

* 　월　　일(　월　　째주)　오늘의 말씀:

제목:　　　　　　　　　　　　설교자:

나에게 들려주시는 말씀의 포인트

오늘의 말씀을 한 마디로?

하나님께 드리는 나의 결단

* 　월　　일(　월　째주)　오늘의 말씀:

제목:　　　　　　　　　　　　설교자:

나에게 들려주시는 말씀의 포인트

오늘의 말씀을 한 마디로?

하나님께 드리는 나의 결단

* 　월　　일(　월　째주)　오늘의 말씀:

제목:　　　　　　　　　　　설교자:

🌿 나에게 들려주시는 말씀의 포인트

🌿 오늘의 말씀을 한 마디로?

🍃 하나님께 드리는 나의 결단

*   월   일(월   째주)   오늘의 말씀:

제목: 설교자:

🌿 나에게 들려주시는 말씀의 포인트

🌿 오늘의 말씀을 한 마디로?

🍃 하나님께 드리는 나의 결단

* 　월　　일(　　월　　째주)　오늘의 말씀:

제목:　　　　　　　　　　　　　설교자:

나에게 들려주시는 말씀의 포인트

오늘의 말씀을 한 마디로?

하나님께 드리는 나의 결단

* 　　월　　　일(　　월　　째주)　　오늘의 말씀:

제목:　　　　　　　　　　　　　　설교자:

나에게 들려주시는 말씀의 포인트

오늘의 말씀을 한 마디로?

하나님께 드리는 나의 결단

* 　월　　일(　월　　째주)　오늘의 말씀:

제목:　　　　　　　　　　　　　설교자:

🌿 나에게 들려주시는 말씀의 포인트

🌿 오늘의 말씀을 한 마디로?

🍃 하나님께 드리는 나의 결단

* 　월　　일(　월　　째주)　오늘의 말씀:

제목:　　　　　　　　　　　　　설교자:

🌿 나에게 들려주시는 말씀의 포인트

🌿 오늘의 말씀을 한 마디로?

🍃 하나님께 드리는 나의 결단

* 　월　　일(　월　　째주)　오늘의 말씀:

제목:　　　　　　　　　　　　　설교자:

나에게 들려주시는 말씀의 포인트

오늘의 말씀을 한 마디로?

하나님께 드리는 나의 결단

*   월   일(월   째주) 오늘의 말씀:

제목: 설교자:

나에게 들려주시는 말씀의 포인트

오늘의 말씀을 한 마디로?

하나님께 드리는 나의 결단

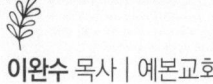
이완수 목사 | 예본교회

하나님께서는 성도에게 말씀을 주시며 소통하시고, 말씀을 통하여 은혜를 주시며, 말씀을 통하여 복된 삶을 누리게 하십니다. 그러므로 성경을 허락하시어 우리로 하여금 알게 하시고, 깨닫게 하시고, 결단하게 하시며, 하나님의 자녀로 살아가게 하십니다.

우리는 그 하나님을 찬양하며 경배하는 예배를 드리며 영광을 돌립니다. 예배는 오직 그 하나님께 영광을 돌리는 소중한 시간입니다. 영과 진리로 예배하여 온전히 영광을 돌리는 것입니다.

몸과 마음과 온 정성을 다하여 하나님을 섬기는 영광의 순간들입니다. 묵상, 기도, 찬양, 예물, 말씀, 그 모두가 참 아름답습니다. 그것은 온 정성을 다해 우리가 올리는 것입니다.

반면에 주님께서는 말씀의 선포로 우리에게 은혜를 주십니다. 우리는 그 말씀으로 또 한 주간을 살아갑니다. 그러므로 그 말씀을 잘 기억하고 삶에 적용하는 것은 매우 중요합니다. 들음에서 은혜를 입고, 새기고 다시 묵상함으로, 다시금 자신을 정리하며 흔들리지 않도록 붙들어 주십니다.

그러나 우리는 삶의 현장의 일들 때문에 쉽게 잊어버립니다. 이를 극복하기 위하여 다시 듣기도 하고, 또한 간략하게 기록하여 묵상할 수 있다면 매우 유익할 것입니다. 말씀을 들으며 자신이 요점을 간략하게 정리할 수 있다면 좋습니다. 그럴 때 은혜의 깊이가 더하며 그 말씀의 능력이 자신을 붙들어 줄 것입니다.

이 일을 돕고자 설교 말씀을 받아 적을 수 있는 노트를 제공하고자 하니 참 감사한 일입니다. 참여자들에게 큰 유익이 있을 것입니다.

우리 함께 동참하여 크신 은혜를 누립시다.

일반집회
설교

sermon of Devotional

* 월   일   오늘의 말씀:

제목: 설교자:

* 월   일   오늘의 말씀:

제목: 설교자:

* 월   일   오늘의 말씀:

제목: 설교자:

* 월   일   오늘의 말씀:

제목: 설교자:

* 월   일   오늘의 말씀:

제목: 설교자:

* 월   일   오늘의 말씀:

제목: 설교자:

* 　월　　　일　　　　　　오늘의 말씀:

제목:　　　　　　　　　　　설교자:

* 월   일   오늘의 말씀:

제목: 설교자:

* 월   일   오늘의 말씀:

제목: 설교자:

* 월   일   오늘의 말씀:

제목: 설교자:

* 　월　　일　　　　　오늘의 말씀:

제목:　　　　　　　　　설교자:

* 월   일   오늘의 말씀:

제목: 설교자:

* 월   일   오늘의 말씀:

제목: 설교자:

* 월   일   오늘의 말씀:

제목: 설교자:

* 월   일   오늘의 말씀:

제목: 설교자:

* 월   일   오늘의 말씀:

제목: 설교자:

* 월   일   오늘의 말씀:

제목: 설교자:

* 월   일   오늘의 말씀:

제목: 설교자:

* 월   일   오늘의 말씀:

제목: 설교자:

* 월   일   오늘의 말씀:

제목: 설교자:

* 　월　　　일　　　　　　오늘의 말씀:

제목:　　　　　　　　　　　설교자:

* 월   일   오늘의 말씀:

제목: 설교자:

* 월   일   오늘의 말씀:

제목: 설교자:

* 월   일   오늘의 말씀:

제목: 설교자:

* 월   일   오늘의 말씀:

제목: 설교자:

* 월   일   오늘의 말씀:

제목: 설교자:

* 월   일   오늘의 말씀:

제목: 설교자:

* 월   일   오늘의 말씀:

제목: 설교자:

* 월   일   오늘의 말씀:

제목: 설교자:

* 월   일   오늘의 말씀:

제목: 설교자:

* 　월　　일　　　　　　오늘의 말씀:

제목:　　　　　　　　　　설교자:

* 월 일	오늘의 말씀:
제목:	설교자:

요일 2:5(상). 누구든지 그의 말씀을 지키는 자는 하나님의 사랑이 참으로 그 속에서 온전하게 되었나니

* 월   일   오늘의 말씀:

제목: 설교자:

* 월 일	오늘의 말씀:
제목:	설교자:

* 월   일   오늘의 말씀:

제목: 설교자:

* 월   일   오늘의 말씀:

제목: 설교자:

* 월   일   오늘의 말씀:

제목: 설교자:

* 월 일	오늘의 말씀:
제목:	설교자:

* 월   일   오늘의 말씀:

제목: 설교자:

* 　월　　　일　　　　　오늘의 말씀:

제목:　　　　　　　　　　설교자:

* 월   일   오늘의 말씀:

제목: 설교자:

* 월   일   오늘의 말씀:

제목: 설교자:

* 월   일   오늘의 말씀:

제목: 설교자:

* 월   일   오늘의 말씀:

제목: 설교자:

딛 2:9, 종들은 자기 상전들에게 범사에 순종하여 기쁘게 하고 거슬러 말하지 말며

* 월   일   오늘의 말씀:

제목: 설교자:

* 월   일   오늘의 말씀:

제목: 설교자:

* 월   일   오늘의 말씀:

제목: 설교자:

* 월   일   오늘의 말씀:

제목: 설교자:

* 월   일   오늘의 말씀:

제목: 설교자:

* 월   일   오늘의 말씀:

제목: 설교자:

* 월   일   오늘의 말씀:

제목: 설교자:

* 월   일   오늘의 말씀:

제목: 설교자:

백기호 목사 | 종부교회

사랑하는 한치호 목사님의 설교노트를 펴내놓음을 함께 기뻐하고 축하를 드립니다. 한 목사님의 경건의 훈련은 동시대를 살아가는 동역 목사로서 자랑스럽고 존경합니다.
코로나19로 인하여 되는 일이 없다고 탄식하는 오늘날에도 조금도 흔들리지 않고 포기하지 않고 호산나 찬송하며 종려가지를 흔드는…
이 일을 통하여 말씀으로 돌아가는 운동, 경건의 운동, 말씀을 내 심령에 잘 박힌 못같이 하나님이 말씀을 적는 노트를 통해서 더욱 복음의 능력이 일곱 배로 증가되기를 원합니다.
말씀을 듣고 흘러 보내지 않고, 손으로 다시금 정리하고 곱씹어, 먹음으로 해서 오늘 지금, 나에게 주어지는 생명의 말씀이 되도록 성령의 감화와 감동, 충만한 운행하심이 계속되기를 기도합니다.
이 가을에, 설교의 홍수시대에 참 생명수 생수를 믿음으로 우리 안에 그리스도가 계시게 되기를,…..
믿음의 역사, 사랑의 수고, 소망의 인내 의 열매를 풍성히 맺기를 기도합니다.
여기에, 말씀의 노트를 붙잡고 간구하는 기도가 30배, 60배, 100배, 1000배의 역사로 우리들의 삶의 현장에서 체험되리라 확신합니다.

시편 105:8, "그는 그 언약 곧 천대에 명하신 말씀을 영원히 기억하셨으니."

樂書 락서

time of Enjoy

신 6:6, 오늘 내가 네게 명하는 이 말씀을 너는 마음에 새기고

시 119:73, 주의 손이 나를 만들고 세우셨사오니 내가 깨달아 주의 계명들을 배우게 하소서

벧전 1:23, 너희가 거듭난 것은 .... 썩지 아니할 씨로 된 것이니 살아 있고 항상 있는 하나님의 말씀으로 되었느니라

사 34:1. 열국이여 너희는 나아와 들을지어다 민족들이여 귀를 기울일지어다

잠 6:23. 대저 명령은 등불이요 법은 빛이요 훈계의 책망은 곧 생명의 길이라

딛 3:7(하), 영생의 소망을 따라 상속자가 되게 하려 하심이라

박종력 목사 | 대은교회

저희 교회에는 권사님 같은 신실한 권찰님이 계십니다. 지난 10년 동안 늘 담임 목사의 설교를 적고 있습니다.

한 번은 설교를 적는 권찰님에게 설교자와 눈을 마주치는 것이 더 낳으니 멈추라고 지시한 적도 있었습니다. 신학교 시절에 몇 번이나 이 점을 강조하신 교수님의 영향도 있었습니다.

그런데 권찰님은 처음에는 멈칫하다가 계속하여 멈추지 않았습니다. 설교를 적어서 나중에 묵상하는 맛이 그 무엇보다 큰 은혜가 된다는 것입니다.(시1:1)

몇 년 전부터는 지난주일 설교 정리하여 '네이버 밴드'에 올리기 시작했습니다. 그러면 혹여 권찰님은 설교 적는 것을 멈추려나 싶었으나 계속합니다. 자신이 직접 적은 것은 '또 다른 은혜?'가 있다고 말합니다. 그러면서 마치 소중한 밥그릇을 대하듯이 설교 메모노트를 껴안았습니다.

과연 그 좋은 '또 다른 은혜'가 무엇일까요? 지속적으로 손으로 직접 적어 묵상해보지 않은 분들은 아마도 모르겠지요. 글쎄요. 구약의 서기관들이나 신약의 마태, 마가, 누가와 같은 사도와 성도들이나 알 수 있을까요?

한치호 목사님으로부터 이번에 좋은 소식을 들었습니다. 지난 번 '쓰는 기도 노트'에 이어 '설교 노트'를 출간한다는 소식입니다. 부디 무수한 그리스도인들이 이 설교노트는 만나서 쓰고 묵상하는 유익으로 '또 다른 은혜?'라는 것을 많이 누렸으면 좋겠습니다.

백남선 목사 | 미문교회 원로

영생을 얻게 하는 말씀(요 5:39), 나를 행복하게 하는 말씀(신10:13), 재앙 없이 평안하게 살게 하는 말씀(잠 1:33), 복된 믿음을 성장케 하는 말씀(롬10:17)을 듣고도 유한해서 금방 잊어버리는데 말씀을 들으면서 기록함으로 가슴에 깊이 새기고 또 펼쳐보므로 뜨거운 가슴으로 신앙하게 되니 감사합니다.

우충희 목사 | 평강교회

우리는 말씀의 홍수시대에 살아가고 있습니다. TV와 라디오 등 언론을 통해 많은 설교를 듣고 있지만 홍수에 먹을 물이 없다고 한 것처럼 많이 듣는 것이 중요한 것이 아니라 성령의 감동으로 마음에 새겨야 합니다. 그러기 위해서는 말씀을 들을 때마다 설교노트에 핵심적인 내용을 기록하여 되새기는 것이 은혜 속에 살아가는 것입니다. 특별히 귀한 교재를 출간하시는 한치호 목사님의 설교노트를 기쁨으로 추천합니다.

신준식 목사 | 열방을살리는교회

복이 있는 사람은 오직 여호와 하나님의 말씀을 즐거워하고 그 말씀을 밤낮으로 깊이 생각하는 자로다."(시 1:2) 우리의 기억력은 한계를 가지고 있지요. 따라서 이 '설교를 받아 적는 노트'는 목회자를 통해 주신 하나님의 말씀을 쉬이 잊어버리지 않고 밤낮으로 깊이 생각하는데 큰 도움이 될 것으로 믿습니다.

받아쓰는 설교노트

1판 1쇄 인쇄 2021년 10월 25일
1판 2쇄 발행 2021년 12월 10일
1판 3쇄 발행 2024년 9월 26일

펴낸이 _ 한치호
펴낸곳 _ 종려가지
등   록 _ 제311-2014000013호(2014. 3. 21)
주   소 _ 서울특별시 은평구 은평로 14길 9-5
전   화 _ 02. 359. 9657
제작대행 세줄기획(02.2265.3749)
영업(총판) 일오삼
전   화_ 02. 964.6993 팩스 2208.0153

값 9,000원

ISBN 979-11-90968-27-0

ⓒ 2021, 종려가지

잘못 만들어진 책은 구입하신 서점에서 바꾸어 드립니다.
책의 주문 및 영업에 대한 문의는 영업대행으로 해주십시오.
문서사역에 대한 질문은 010. 3738. 5307로 해주십시오.